Stundenblätter
„Woyzeck“

Wolfgang Salzmann

# Stundenblätter „Woyzeck“

Eine literatursoziologische Analyse

15 Seiten Beilage

Ernst Klett Stuttgart

Die Stundenblätter für das Fach Deutsch
werden herausgegeben von:
Wolfgang Salzmann

CIP-Kurztitelaufnahme der Deutschen Bibliothek

**Salzmann, Wolfgang:**
Stundenblätter „Woyzeck" : e. literatursoziolog.
Analyse / Wolfgang Salzmann. – 3. Aufl. – Stuttgart :
Klett, 1979.
(Stundenblätter für das Fach Deutsch)
ISBN 3-12-927370-0

3. Auflage 1979

Satz: Wilhelm Röck, Weinsberg
Stundenblätter: G. Müller, Heilbronn
Druck: Wilhelm Röck, Weinsberg
Einbandgestaltung: Zembsch' Werkstatt, München

# Inhalt

„Ich verachte niemanden, am wenigsten wegen seines Verstandes oder seiner Bildung, weil es in niemands Gewalt liegt, kein Dummkopf oder kein Verbrecher zu werden – weil wir durch gleiche Umstände wohl alle gleich würden und weil die Umstände außer uns liegen.“[1]

„... eine bedeutende Schrift ist, wie eine bedeutende Rede, nur Folge des Lebens; der Schriftsteller so wenig als der handelnde Mensch bildet die Umstände, unter denen er geboren wird und unter denen er wirkt.“[2]

„Der Dichter und Bildende ist mir der liebste, der mir die Natur am wirklichsten gibt.“[3]

[1] Georg Büchner in einem Brief an die Familie
[2] Joh. W. von Goethe, in: Literarischer Sansculottismus
[3] Georg Büchner, Lenz

# Einleitung

Das dramatische Werk Georg Büchners gehört heute zu den Klassikern des Theaters. Sein Ruf als Dramatiker von Weltrang ist ebenso unbestritten wie sein Einfluß auf das Drama der Moderne, als dessen Ahnherr er anzusehen ist. Von daher kommt seinem Werk eine epochengeschichtliche Bedeutung zu, die durch eine Abkehr vom Idealismus gekennzeichnet ist.

Mit seiner neuen Weltsicht wird Büchner zum „Schöpfer eines neuen tragischen Weltgefühls" (Martini 1965, S. 382) das sich besonders in seinen Dramen „Dantons Tod" und „Woyzeck" manifestiert. Büchners Werk besitzt damit eine für den Deutschunterricht hohe didaktische Relevanz.

Leben und Werk Büchners stehen in einem besonders engen Bezug zur historischen Realität seiner Zeit. Deshalb wäre ein ahistorisch interpretierter Büchner von vornherein eine methodische Fehldisposition. Für die Interpretation bietet sich deshalb eine Kombination von literarhistorischer und literatursoziologischer Betrachtungsweise an, die an einigen Stellen durch ein textimmanentes Verfahren ergänzt wird, das sich vorwiegend soziologischer Deutungskategorien bedient.

Da es sich beim „Woyzeck" um die dramatische Gestaltung eines sozialen, auf einen authentischen Kriminalfall zurückgehenden Konflikts handelt, bietet diese quasi vom Werk und seiner Entstehungsgeschichte selbst bestimmte Methodenkombination die besten Voraussetzungen zu seinem Verständnis.

## Aufbau der Lernsequenz

Für die Analyse des Lerngegenstandes ergeben sich drei didaktische Schwerpunkte:

1. die literatursoziologischen Voraussetzungen für das Verständnis des Werkes und der Werkanalyse
2. die unter Verwendung soziologischer Kategorien vorzunehmende Werkanalyse
3. die Wirkungsgeschichte und die literarhistorische Bedeutung des Woyzecks.

Die Konzeption der Unterrichtsreihe versucht durch eine gegenseitige Ergänzung von inner- und außerwerklichen Wirkungszusammenhängen zu einem möglichst umfassenden Textverständnis zu gelangen. Dabei wechseln sich Längsschnittanalysen mit Einzelszeneninterpretationen ab. Die einzelnen Kapitel der Analyse des Lerngegenstandes sind im Umfang so bemessen, daß sie eine Unterrichtsstunde ausfüllen.

## Zur Konzeption und Funktion der Stundenblätter

Die Stundenblätter bieten dem Unterrichtenden die wichtigsten unterrichtspraktischen Angaben auf einen Blick. Da sie in knappster Form Auskunft über Lehrform, Lernschritte, Lernziele und Arbeitsmaterialien geben und auch die Tafelanschrift enthalten, ist mit ihrer Hilfe eine besonders schnelle und zeitsparende Vorbereitung möglich.
Lerntempo, Auffassungs- und Leistungsvermögen der Lerngruppen sind verschieden, deshalb kann für die Lernschritte der einzelnen Unterrichtsstunden nur ein grobes Orientierungsraster gegeben werden, das je nach Lehrform modifiziert, ergänzt oder ersetzt werden muß.
Allen Stunden ist das folgende Lernschrittraster zugrundegelegt, das speziell auf die Erfordernisse der fragend-(entwickelnden)-erörternden Lehrform zurechtgeschnitten ist:

1. Sacherklärungen
2. Lektüre eines vorgegebenen Textes
3. Gliederung des Textes unter evtl. vorgegebenen Gesichtspunkten (1–3 können auch als vorbereitende Hausaufgabe geleistet werden)
4. Erarbeitung und Interpretation z. B. eines Textes oder eines Wirkungszusammenhangs unter dem jeweils vorgegebenen thematischen Leitaspekt und der Lernziele. Dieser Schritt kann bzw. muß je nach Umfang und Inhalt des vorgegebenen Aspektes wieder untergliedert werden.
5. Sicherung der Ergebnisse in einem parallel dazu zu entwickelnden Tafelbild
6. Wiederholung der gewonnenen Ergebnisse (eventuell auch als Hausaufgabe)

Zu überlegen wäre, ob man einzelne Unterrichtseinheiten der Lernsequenz nicht mit einem „lernzielorientierten Unterricht“ bestreiten könnte. Der Terminus „lernzielorientierter Unterricht“ besagt natürlich nicht, daß andere Unterrichtsformen ohne Lernziele geplant und durchgeführt werden. Jeder Unterricht ist an Lernzielen orientiert; die hier vorgeschlagene Verfahrensweise unterscheidet sich von der herkömmlichen nur dadurch, daß jeder Schüler weiß, welche Lernziele in der Stunde erreicht werden sollen.
Das Gelingen eines „lernzielorientierten Unterrichts“ ist vor allem von drei Faktoren abhängig:

1. der Bekanntgabe des Themas
2. der Vergabe von konkreten, auf einzelne Lernziele hin orientierten Arbeitsanweisungen
3. der Bekanntgabe der in der Stunde mit Hilfe von entsprechenden Quellen und Arbeitsmaterialien zu erreichenden Lernziele.

Der Vorteil dieses Verfahrens besteht darin, daß der Schüler, dem die Lernziele im voraus bekannt sind, den Weg bzw. die Methode zum Erreichen des Lernzieles eventuell selber finden und bestimmen kann, ohne dadurch den Lernerfolg der Stunde vom vorgeplanten Ergebnis her in Frage zu stellen. Hierbei kann die fragend-(entwickelnd)-

erörternde Lehrform ebenso angewandt werden wie ein arbeitsgleicher oder arbeitsteiliger Gruppenunterricht.

Einen wichtigen Bestandteil der Stundenblätter bildet die jeweilige Tafelanschrift. Die Vorteile der Verwendung von Tafelanschriften sind offenkundig, denn nicht nur bei einem komplexen Lerngegenstand ist die Gefahr einer simplifizierenden Schematisierung durch Tafelanschriften geringer einzuschätzen als ihr methodisch-didaktischer Wert. Tafelanschriften sind ein geeignetes Mittel, im Unterricht erarbeitete Ergebnisse in einer überschaubaren und anschaulichen Form festzuhalten.

Der Informationswert einer Tafelanschrift ist daher ein wesentlicher Faktor für die Verwirklichung von Lernzielen und Lerninhalten. Eine gute Tafelanschrift sollte folgende Funktionen erfüllen:

1. die Arbeitsergebnisse einzelner Teillernschritte während der Erarbeitungsphase im Unterricht sichern
2. Wirkungszusammenhänge des Lerngegenstandes in einer für den Schüler verständlichen Anordnung verdeutlichen
3. den vermittelten Lerngegenstand zum Zwecke späterer Wiederholung zusammenfassen.

Zu diesem Zweck muß eine Tafelanschrift einerseits in ihrem Informationsgehalt so aufschlußreich sein, daß der dargestellte Problemzusammenhang des Lerngegenstandes erkenn- und durchschaubar ist; andererseits muß sie so knapp und übersichtlich sein, daß eine schnelle Orientierung bei einer Wiederholung möglich ist.

Eine diagrammatische Tafelanschrift bietet über die begrifflich abstrahierte Fixierung erarbeiteter Lerninhalte hinaus den Vorteil, Wirkungszusammenhänge durch eine graphische Anordnung zu verdeutlichen und so anschaulicher und einprägsamer zu machen. Jedoch ist grundsätzlich nicht jeder Lerninhalt gleichermaßen gut für eine diagrammatisch zu konzipierende Tafelanschrift geeignet.

Die Tafelanschriften sind als Vorschläge und Anregungen gedacht; der Lehrer muß sie dem Unterrichtsverlauf entsprechend unter Umständen modifizieren und variieren.

Die bei den einzelnen Stunden angegebenen Arbeitsmaterialien haben zwei Funktionen. Sie bieten Grundlagen, Hilfen und Hinweise für die weitere Information und können im Bedarfsfall unter Beachtung der geltenden Copyrightbestimmungen als Arbeitsgrundlage für den Unterricht genutzt werden.

## Mögliche Modifizierungen der Unterrichtseinheit

Was das Aufzeigen von Alternativen angeht, so bleiben diese auf den durch die angewendeten literaturwissenschaftlichen Betrachtungsweisen vorgegebenen Rahmen beschränkt.

Damit soll jedoch keineswegs die Anwendung anderer literaturwissenschaftlicher Interpretationsmöglichkeiten bestritten werden. G. Büchners „Woyzeck“ kann auch ausschließlich werkimmanent, existentialistisch, marxistisch, psychologisch etc. interpretiert werden. Entscheidend ist dabei jedoch die Frage, ob andere Methoden dem Lerngegenstand gerecht werden. Der Zusammenhang zwischen Wahrheit und Methode, zwischen Erkenntnis und Interesse, wird auch im literaturwissenschaftlichen Methodenpluralismus sehr deutlich.

Bei der Überprüfung des Einsatzes der Lernsequenz für den Unterricht ist zu berücksichtigen, daß die Gesamtheit der Lernsequenz auf ein durchschnittliches Leistungs- und Lernniveau ausgerichtet ist, was jedoch nicht heißen soll, daß keine Unterschiede im Schwierigkeitsgrad der einzelnen Lerngegenstände und Unterrichtseinheiten bestehen. Die vorliegende aus der Praxis für die Praxis entwickelte Konzeption ist als Vorschlag und Orientierungsrahmen aufzufassen. Lerngruppen sind nicht homogen und von unterschiedlichem Leistungsniveau und Aufnahmevermögen. Möglicherweise bedarf die Lernsequenz deshalb der Ergänzung und Korrektur für den Einzelfall.

Modifizierungen sollen und müssen überall dort vorgenommen werden, wo es den Lehrenden unter Einschätzung der gegebenen Lernsituation aus pädagogischen und unterrichtsökonomischen Gründen geboten erscheint. Es liegt deshalb in der pädagogischen Erfahrung und Verantwortung des Unterrichtenden, die Lernsequenz den Bedürfnissen der Lerngruppen individuell anzupassen.

Wenn aus didaktischen oder unterrichtsökonomischen Gründen die Lernsequenz insgesamt gekürzt werden soll, so ergeben sich folgende Möglichkeiten:

1. Die Zusammenfassung der 1. Stunde und 2. Stunde durch Schülerreferate in einer Stunde
2. Die selbständige Erarbeitung der 1. und 2. Stunde durch den Schüler
3. Die Zusammenfassung der 10. und 11. Stunde.

Eine Veränderung der Reihenfolge kann im Einzelfall vorgenommen werden. So können die 1. und 2. Stunde in der umgekehrten Reihenfolge behandelt werden, ohne daß dadurch die logische Kontinuität entscheidend gestört würde. Erweiterungen sind vor allem durch die zusätzliche Interpretation von Szenen möglich.

# Analyse des Lerngegenstandes

## Literatursoziologische Voraussetzungen der Werkanalyse

*1. Stunde:*
*Der geistesgeschichtlich-historische und politisch-soziale Hintergrund*

Das Leben und Schaffen Georg Büchners fällt in eine historische Epoche, die in vielerlei Hinsicht im Umbruch begriffen ist.
Das politische Geschehen wird von der Auseinandersetzung zwischen Liberalismus und Restauration geprägt. Der Liberalismus hat das Erbe der Französischen Revolution angetreten; seine zentralen Zielvorstellungen Freiheit, Menschenrechte und soziale Gerechtigkeit finden ihren politischen Niederschlag in den Forderungen nach verfassungsmäßig verbrieften Menschenrechten, einer demokratischen Verfassung, der Herrschaft des Volkes, kurz nach einer grundlegenden Systemveränderung. Die konservativen, monarchisch gesinnten Kräfte mit Metternich an der Spitze versuchen gerade das zu verhindern. Sie streben die Wiederherstellung des vorrevolutionären Zustandes an und setzen sich deshalb für die Stärkung und Erhaltung der monarchischen Staatsform ein.
Das Zusammentreffen dieser politisch-sozialen Gegensätze in einer für die Restauration günstigen Machtkonstellation bestimmte den Kampf auf der politischen Bühne in der ersten Hälfte des 19. Jahrhunderts. Die gewaltsame Unterdrückung der freiheitlichen Ideen führte dann zu den Revolutionen der Jahre 1830 und 1848.
Die für uns in diesem Zusammenhang wichtigste Frage ist die Frage nach dem politischen Standort Büchners.
Aus der Biographie Büchners ist die Begegnung mit dem liberalen Politiker Rektor Weidig sowie anderer Liberaler bekannt. Die Briefe Büchners bezeugen den Einfluß dieses Mannes auf sein politisch revolutionäres Engagement. Später kritisiert er jedoch die politische Denk- und Handlungsweise dieses Mannes ebenso wie die der Liberalen insgesamt.
In einem Brief an Wilhelm Büchner sagt er:

„Ich kann Dir nichts Näheres sagen, aber ich meine, ich weiß, wie schwach die Verhältnisse, wie unbedeutend, wie zerstückelt die liberale Partei ist, ich weiß, daß ein zweckmäßiges, übereinstimmendes Handeln unmöglich ist, und daß jeder Versuch auch nicht zum geringsten Resultat führt.“ (179)*

Weidig war es auch, der Büchners „Landboten“ durch Ergänzungen und Umarbeitungen „entschärfte“.
Die politische Resignation, die sich hier bereits ankündigt, wird an gleicher Stelle noch deutlicher, indem Büchner nicht mehr im entferntesten an die „Möglichkeiten einer politischen Umwälzung“ (179) glauben kann. Er kommt zu der

* Alle Seitenangaben – auch die Textangaben auf den Stundenblättern – beziehen sich, wenn nicht ausdrücklich anders vermerkt, auf die dtv Gesamtausgabe: Georg Büchner, Werke und Briefe, München $^{6}$1972

Überzeugung, „daß nichts zu tun ist und daß jeder, der im Augenblick sich opfert, seine Haut zu Markte trägt". (179)
Im Zusammenhang mit dem Thema dieses Kapitels ergibt sich die Möglichkeit eines fächerübergreifenden Unterrichts, die genutzt werden sollte.

*Arbeitsmaterialien:*
Die entsprechenden Kapitel der jeweils eingeführten Geschichtsbücher (eventuell fächerübergreifender Unterricht oder Schülerreferat).

*2. Stunde:*
*Zur Person und Biographie Georg Büchners*

Georg Büchner wurde am 17. Oktober 1813 in Goddelau im Großherzogtum Hessen-Darmstadt geboren. Bereits in der Schule fällt er durch überdurchschnittliche Leistungen auf. Mehrere anläßlich von Schulfeiern in lateinischer Sprache gehaltene Rezitationen und Vorträge bezeugen sein außergewöhnliches Talent. Er immatrikuliert sich nach seinem Schulabschluß 1831 an der Medizinischen Fakultät der Universität Straßburg. Während seiner Studentenzeit finden die politischen Verhältnisse in Deutschland sein wachsendes Interesse. Durch den Zwang einer gesetzlichen Vorschrift muß er seine Studien innerhalb Hessens abschließen. 1833 geht er nach Gießen und macht dort kurze Zeit darauf die Bekanntschaft mit Schuldirektor Weidig, der als liberaler Politiker an der Herstellung und Vertreibung illegaler Flugschriften beteiligt ist und eine Gruppe von Gleichgesinnten um sich geschart hat. Büchners politisches Interesse und Engagement wächst. Im März 1834 gründet er die „Gesellschaft der Menschenrechte" in Gießen und Darmstadt. Im gleichen Jahre verfaßt er die politische Streitschrift „Der Hessische Landbote".
Das Motto „Friede den Hütten! Krieg den Palästen!", unter das er seine Schrift stellt, ist Ausdruck seines politischen und revolutionären Engagements. Einer längeren illegalen politischen Tätigkeit folgen die Verhaftung seines Freundes Karl von Minnigerode sowie Überwachung und Verhöre durch die Polizei und Untersuchungsrichter. Einer bevorstehenden Verhaftung und Verurteilung entzieht sich Büchner durch die Flucht nach Straßburg.
Nach medizinisch-naturwissenschaftlichen Studien trägt er seine Untersuchungen über das Nervensystem der Fische der Gesellschaft für Naturwissenschaft in Straßburg vor und findet allgemeine Anerkennung. Die Universität Zürich promoviert Büchner zum Doktor phil. Nach einer Probevorlesung erhält er im November 1836 eine naturwissenschaftliche Privatdozentur. Um diese Zeit beginnt wohl auch die Aufzeichnung des „Woyzeck", den er als Fragment hinterlassen muß. Am 19. Februar 1837 stirbt Georg Büchner an Typhus.

*Arbeitsmaterialien:*
Zur weiteren Information bieten sich Auszüge aus einschlägigen Biographien oder Monographien an:
Ernst Johann, Büchner, rororo bildmonographien, Reinbek [8]1971
Günther Pentzoldt, Büchner, Friedrichs Dramatiker des Welttheaters, Bd. 9, Hannover [2]1968

| | |
|---|---|
| 17. Oktober 1813 | Georg Büchner wird in Goddelau (Großherzogtum Hessen/Darmstadt) als Sohn eines Arztes geboren. |
| 1816 | Die Familie Büchner zieht nach Darmstadt, wo der Vater als Bezirksarzt wirkt. |
| 26. März 1825 | Georg Büchner wird in das Darmstädter Gymnasium aufgenommen. |
| 30. März 1831 | Georg Büchner besteht die Reifeprüfung und hält bei der Schlußfeier des Gymnasiums eine Rede in lateinischer Sprache. |
| 9. November 1831 | Georg Büchner wird in der Medizinischen Fakultät der Straßburger Universität eingeschrieben. |
| 31. Oktober 1833 | Georg Büchner wird nach seiner Rückkehr aus Straßburg, wo er sich mit Wilhelmine Jaegle verlobt hatte, als Student der Medizin in Gießen eingeschrieben. Erfahrungen beim Anatomieunterricht, die er später bei der Darstellung des Doktors im „Woyzeck" verwendet. |
| Januar 1834 | Büchners Bekanntschaft mit dem Politiker Friedrich Ludwig Weidig. |
| März 1834 | Niederschrift des „Hessischen Landboten". |
| März/April 1834 | Gründung der „Gesellschaft der Menschenrechte" in Gießen und Darmstadt. |
| Jan./Febr. 1835 | Niederschrift von „Dantons Tod". |
| 9. März 1835 | Büchner flieht nach Straßburg. |
| Herbst 1835 | Arbeit an der Erzählung „Lenz" und Beginn der Doktorarbeit über das Nervensystem der Fische (Barben). |
| Frühsommer 1836 | Entstehung des Lustspiels „Leonce und Lena". |
| 2. September 1836 | Briefe an den Bruder Wilhelm Büchner: „Dabei bin ich gerade daran, sich einige Menschen auf dem Papier totschlagen oder verheiraten zu lassen." Die Briefstelle muß als einziger Hinweis Büchners auf die Arbeit am Woyzeck-Stoff betrachtet werden. Der Hinweis auf die Verheiratung bezieht sich wohl auf das Lustspiel. Den Woyzeck-Stoff hatte Büchner vermutlich im Darmstädter Elternhaus in der Bibliothek seines Vaters kennengelernt, da Dr. Ernst Büchner auf Henkes Zeitschrift für die Staatsarzneikunde abonniert war. |
| 18. Oktober 1836 | Übersiedlung Büchners nach Zürich, wo er zum Dr. phil. promoviert worden war und nun Vorlesungen der vergleichenden Anatomie halten soll. |
| Winter 1836/37 | Vermutliche Niederschrift der Woyzeck-Szenen. |

| | |
|---|---|
| 2. Februar 1837 | Büchner erkrankt an Typhus. |
| 19. Februar 1837 | Tod Georg Büchners. |
| 1879 | Erste Gesamtausgabe von Büchners Werken durch Karl Emil Franzos, der zum erstenmal in dieser Ausgabe auch die Woyzeck-Szenen abdruckt, die er nach der Handschrift zu entziffern versucht hatte. |

Quelle:
Hans Mayer, Georg Büchner – Woyzeck. Dichtung und Wirklichkeit, Frankfurt 1972, S. 163–167, (Ullstein TB).

### *3. Stunde:*
### *Das sozialpolitische und revolutionäre Engagement Büchners*

Informationsgrundlage für die Herausarbeitung von Büchners sozialpolitischem und revolutionärem Engagement sind im wesentlichen zwei Quellen: das sind erstens Selbstzeugnisse in Briefen, die in Auszügen zusammengestellt eine vorzügliche Arbeitsgrundlage hergeben, und zweitens eine Analyse des „Hessischen Landboten", dessen politische und revolutionäre Tendenz Büchners Engagement eindeutig manifestiert. Das vorangestellte Motto „Friede den Hütten! Krieg den Palästen!" spricht für sich. Die Veröffentlichung stellte für Büchner ein echtes Wagnis dar.

Bei der Analyse der Briefauszüge ergibt sich als Ausgangspunkt die Schilderung und Beurteilung der politischen und sozialen Realität durch Büchner. Sie sind erschütternde Dokumente der sozialen und politischen Unterdrückung eines Großteils des Volkes. Die politische und soziale Situation dieser Zeit ist gekennzeichnet durch das Vorhandensein zweier gegensätzlicher sozialer Gruppen. Auf der einen Seite stehen König und Adel, eine Minderheit, die im Besitz der „gesetzlichen" Macht das Volk unterdrückt und ausbeutet. Auf der anderen Seite versucht das Volk, die Mehrheit, seine politische und soziale Unterdrückung, seine Armut und Knechtschaft abzuschütteln. Da es ohne Rechte und nicht im Besitze der „gesetzlichen" Macht ist, muß es seine Unterdrückung mit Gewalt beenden. So steht Gewalt gegen Gewalt. Büchner rechtfertigt die Anwendung der Gewalt im politischen Kampf als das einzige Mittel, das helfen kann. In einem Brief an die Familie vom 5. April 1833 schreibt er:

„Wenn in unserer Zeit etwas helfen soll, so ist es Gewalt. Wir wissen, was wir von unseren Fürsten zu erwarten haben. Alles, was sie bewilligten, wurde ihnen durch die Notwendigkeit abgezwungen. Und selbst das Bewilligte wurde uns hingeworfen wie eine erbettelte Gnade und ein elendes Kinderspielzeug, um dem ewigen Maulaffen Volk seine zu eng geschnürte Wickelschnur vergessen zu machen ... Unsere Landstände sind eine Satire auf die gesunde Vernunft ... Man wirft den jungen Leuten den Gebrauch der Gewalt vor. Sind wir denn nicht in einem ewigen Gewaltzustand? Weil wir im Kerker geboren und großgezogen sind, merken wir nicht mehr, daß wir im Loch stecken mit angeschmiedeten Händen und Füßen und einem Knebel im Munde. Was nennt ihr denn gesetzlichen Zustand? Ein Gesetz, das die große Masse der Staatsbürger zum fronenden Vieh macht, um die unnatürlichen Bedürfnisse einer unbedeutenden und verdorbenen Minderheit zu befriedigen? Und dies Gesetz unterstützt durch eine rohe Militärgewalt und durch die dumme Pfiffigkeit seiner Agenten, dies Gesetz ist eine ewige, rohe Gewalt, angetan dem Recht und der gesunden Vernunft und ich werde mit Mund und Hand dagegen kämpfen, wo ich kann.“ (157)

Die wohl schockierendste, affektgeladenste Äußerung in diesem Zusammenhang macht Büchner in einem Brief aus dem Jahre 1834, in dem sich sein ganzer revolutionärer Zorn entlädt:

„Die politischen Verhältnisse könnten mich rasend machen. Das arme Volk schleppt geduldig den Karren, worauf die Fürsten und Liberalen ihre Affenkomödie spielen. Ich bete jeden Abend zum Hanf und zu den Laternen.“ (164)

Für Büchner ist das „Verhältnis zwischen Armen und Reichen“ das „einzige revolutionäre Element in der Welt“ (179). Vor diesem Hintergrund muß auch „Der Hessische Landbote“ gesehen werden.
Während die Briefe und das uns aus den Dichtungen ansprechende Persönlichkeitsbild zu vertieften Zeugnissen seines sozialen Mitgefühls und seiner künstlerischen und politischen Meinungsbildung sowie seiner weltanschaulichen Gesinnung werden, ist der „Hessische Landbote“ eine auf diesem Boden gewachsene, politische Streitschrift zornig revolutionären und revolutionierenden Charakters.
Unter dem Motto „Friede den Hütten! Krieg den Palästen!“ belegt Büchner mit statistischen Angaben Art, Höhe und Verteilung des Steueraufkommens im Großherzogtum Hessen. Seine Beweisführung gipfelt in der Feststellung, daß das Volk (durch die Steuerabgabe) seine eigene Knechtschaft bezahlt. Das Volk ermöglicht durch seine Armut, sein Leben in Armut, Elend und Knechtschaft einer kleinen Minderheit von Vornehmen ein Dasein im Überfluß.
Im vorletzten Abschnitt der Schrift fordert Büchner die Änderung dieses ungerechten Zustands, indem er auf das Zahlenverhältnis zwischen Unterdrückern und Unterdrückten hinweist. Gleichzeitig klingt der Gedanke an die nationale Einheit Deutschlands an:

„Deutschland ist jetzt ein Leichenfeld, bald wird es ein Paradies sein. Das Deutsche Volk ist *ein* Leib, ihr seid ein Glied dieses Leibes. Es ist einerlei, wo die Scheinleiche zu zucken anfängt. Wann der Herr euch seine Zeichen gibt durch die Männer, durch welche er die Völker aus der Dienstbarkeit zur Freiheit führt, dann erhebet euch, und der ganze Leib wird mit euch auferstehen.“ (142)

Diese „Zeichen“ sind jedoch ausgeblieben. Der in diesem Zusammenhang zweifellos interessanten Frage nach der Ursache kann hier nicht weiter nachgegangen werden.

*Arbeitsmaterialien:*
Aus Briefen Büchners, zit. nach der dtv Gesamtausgabe München [6]1972, S. 157–191

Straßburg, im Dezember 1832
„Der König und seine Kammern regieren, und das Volk klatscht und bezahlt.“ (157)

Straßburg, den 5. April 1833
„Wenn in unserer Zeit etwas helfen soll, so ist es Gewalt.“ (157)

Darmstadt, 9. Dezember 1833
„Die politischen Verhältnisse könnten mich rasend machen. Das arme Volk schleppt geduldig den Karren, worauf die Fürsten und Liberalen ihre Affenkomödie spielen. Ich bete jeden Abend zum Hanf und zu den Laternen.“ (164)

Gießen, im Februar 1834
„Ich verachte niemanden, am wenigsten wegen seines Verstandes oder seiner Bildung, weil es in niemands Gewalt liegt, kein Dummkopf oder kein Verbrecher zu werden – weil wir durch gleiche Umstände wohl alle gleich würden und weil die Umstände außer uns liegen ...“ (164)

Straßburg, 1835
„Das Verhältnis zwischen Armen und Reichen ist das einzige revolutionäre Element in der Welt.“ (179)

Straßburg, den 1. Januar 1836
„Ich muß lachen, wie fromm und moralisch plötzlich unsere Regierungen werden. Der König von Bayern läßt unsittliche Bücher verbieten! da darf er seine Biographie nicht erscheinen lassen, denn die wäre das Schmutzigste, was je geschrieben wurde! Der Großherzog von Baden, erster Ritter vom doppelten Mopsorden, macht sich zum Ritter vom heiligen Geist und läßt Gutzkow arretieren, und der liebe deutsche Michel glaubt, es geschähe alles aus Religion und Christentum und klatscht in die Hände ... (187)

Ich komme vom Christkindelsmarkt: überall Haufen zerlumpter, frierender Kinder, die mit aufgerissenen Augen und traurigen Gesichtern vor den Herrlichkeiten aus Wasser und Mehl, Dreck und Goldpapier standen. Der Gedanke, daß für die meisten Menschen auch die armseligsten Genüsse und Freuden unerreichbare Kostbarkeiten sind, macht mich sehr bitter.“ (188)

Straßburg, 1836 (An Gutzkow)
„Übrigens, um aufrichtig zu sein, Sie und Ihre Freunde scheinen mir nicht gerade den klügsten Weg gegangen zu sein. Die Gesellschaft mittels der Idee, von der gebildeten Klasse aus reformieren? Unmöglich! Unsere Zeit ist rein materiell ... Sie werden nie über den Riß zwischen der gebildeten und ungebildeten Gesellschaft hinauskommen.
Ich habe mich überzeugt, die gebildete und wohlhabende Minorität, soviel Konzessionen sie auch von der Gewalt für sich begehrt, wird nie ihr spitzes Verhältnis zur großen Klasse aufgeben wollen. Und die große Klasse selbst? Für sie gibt es nur zwei Hebel: materielles Elend und religiöser Fanatismus. Jede Partei, welche diese Hebel anzusetzen versteht, wird siegen ... Ich glaube, man muß in sozialen Dingen von einem absoluten Rechtsgrundsatz ausgehen, die Bildung eines neuen geistigen Lebens im *Volke* suchen und die abgelebte moderne Gesellschaft zum Teufel gehen lassen.“ (191)

*4. Stunde:*
*Georg Büchners dichterisches Selbstverständnis*

Die wohl bedeutsamste Aussage Büchners für sein dichterisches Wirken und die Art seines Schaffens finden wir in einem Brief an die Familie vom 28. Juli 1835. Anlaß zu diesem Brief waren die Vorwürfe der Unsittlichkeit, die man gegen seinen „Danton“ erhoben hatte. Büchner benutzt die Entgegnung gegen diese Vorwürfe zu einer grundlegenden Erklärung seines dichterischen Schaffens, das für alle seine Werke gilt. Er stellt einen Vergleich zwischen dem dramatischen Dichter, dem Geschichtsschreiber und dem „Idealdichter“ an. Der dramatische Dichter ist nach Auffassung Büchners beiden überlegen.
Die Überlegenheit gegenüber dem Geschichtsschreiber drückt sich darin aus, daß er „die Geschichte zum zweiten Mal erschafft. Seine höchste Aufgabe ist, der Geschichte, wie sie sich wirklich begeben hat, so nahe als möglich zu kommen. Sein Buch darf weder sittlicher noch unsittlicher sein als die Geschichte selbst.“ (181)
Eben deshalb ist Danton Revolutionär und kein Tugendheld. Eben deshalb ist Woyzeck das, was er ist, und so, wie er ist. Für Büchner ist der Dichter „kein Lehrer der Moral“, da er die Welt zeigen müsse, „wie sie ist“ [und nicht,] „wie sie sein sollte“ (182). Damit bezieht Büchner die Position des Realismus, die er scharf abgegrenzt wissen möchte gegen die Tendenzen des Idealismus, der „fast nichts als Marionetten mit himmelblauen Nasen und affektiertem Pathos, aber nicht Menschen von Fleisch und Blut“ (182) gezeichnet hat. Deshalb gelten seine Sympathien Goethe und Shakespeare, nicht aber Schiller. Realismus heißt also für Georg Büchner, die Welt so darstellen, wie sie wirklich ist. Beschönigung und Idealisierung, pathetische Übersteigerung und Romantisierung stellen für ihn eine Verfälschung der Wirklichkeit dar.
Ergänzungen zu dieser Auffassung finden sich in Büchners Novellenfragment „Lenz“. Hier wird die Absage an den Idealismus noch deutlicher. Aus dem Munde von Lenz hören wir: „Die Dichter, von denen man sage, sie geben die Wirklichkeit, hätten auch keine Ahnung davon; doch seien sie immer noch erträglicher als die, welche die Wirklichkeit verklären wollten.“ (71)
Der Idealismus will „idealisierte Gestalten“ darstellen, die für Lenz nur Holzpuppen sind. Deshalb ist der Idealismus für ihn „die schmählichste Verachtung der menschlichen Natur“. (72)
Dem setzt er seinen Realismus entgegen, der in folgender Formulierung zum Ausdruck kommt:

> „Man muß die Menschheit lieben, um in das eigentümliche Wesen jedes einzudringen; es darf keiner zu gering, keiner zu häßlich sein, erst dann kann man sie verstehen; das unbedeutendste Gesicht macht einen tieferen Eindruck als die bloße Empfindung des Schönen, und man kann die Gestalten aus sich heraustreten lassen, ohne etwas vom Äußeren hinein zu kopieren, wo einem kein Leben, keine Muskeln, kein Puls entgegenschwillt und pocht.“ (72)

Gerade dies trifft auf den „Woyzeck“ zu. Woyzeck ist einer jener Geringsten, dem Büchner seine Aufmerksamkeit gewidmet hat. Er entstammt der untersten sozialen Schicht. In ihm hat Büchner dem „ersten Proletarier" der deutschen Dichtung ein unvergleichliches Denkmal gesetzt. Mit ihm leitet er eine neue Entwicklungsphase in der Geschichte des deutschen Dramas ein.

Nicht die idealistische Konstruktion, sondern die Wiedergabe der objektiven Realität, soweit das von einem subjektiven Betrachtungsaspekt aus möglich ist, ist oberstes Gestaltungsprinzip Büchners. Dies wirkt sich auf die Wahl des Stoffes, die realistische Zeichnung der Figuren, ihre sozialen Rollen, ihr soziales Verhalten ebenso aus wie auf Reaktionsweisen und das Sprachvermögen, wie das etwa bei der Straßenszene im „Woyzeck" zum Ausdruck kommt.

Von daher ergibt sich auch die Möglichkeit einer Erschließung des „Woyzeck" als Drama des Realismus.

*Arbeitsmaterialien:*

Georg Büchner, Brief an die Familie vom 28. Juli 1835, S. 181–183

Außerdem kann noch herangezogen werden:

Georg Büchner, Lenz, S. 71–73

*5. Stunde:*
*Das Determinismusproblem bei Georg Büchner*

Das Determinismusproblem Büchners läßt sich am besten herausarbeiten anhand eines Briefes vom November 1833, der an seine Braut gerichtet ist. Dieser Brief wird wegen seiner Thematik auch als „Determinismusbrief" bezeichnet. Er steht in unmittelbarem Zusammenhang mit der Arbeit an „Dantons Tod". Als Grundlage und Voraussetzung seiner Arbeit betrieb Büchner ein Quellenstudium über die Geschichte der französischen Revolution, dessen Ergebnis und Wirkung auf ihn selbst er in obengenanntem Brief wie folgt mitteilt:

„Ich studierte die Geschichte der Revolution. Ich fühlte mich wie zernichtet unter dem gräßlichen Fatalismus der Geschichte. Ich finde in der Menschennatur eine entsetzliche Gleichheit. In den menschlichen Verhältnissen eine unabwendbare Gewalt, allen und keinem verliehen. Der einzelne nur Schaum auf der Welle, die Größe ein bloßer Zufall, die Herrschaft des Genies ein Puppenspiel, ein lächerliches Ringen gegen ein ehernes Gesetz, es zu erkennen das Höchste, es zu beherrschen unmöglich. Es fällt mir nicht mehr ein, vor den Paradegäulern und Eckestehern der Geschichte mich zu bücken. Ich gewöhne mein Auge ans Blut. Aber ich bin kein Guillotinemesser. Das *Muß* ist eines von den Verdammungsworten, womit der Mensch getauft worden. Der Ausspruch: es muß ja Ärgernis kommen, aber wehe dem, durch den es kommt – ist schauderhaft. Was ist das, was in uns lügt, mordet, stiehlt! Ich mag dem Gedanken nicht weiter nachgehen. Könnte ich aber dies kalte und gemarterte Herz an deine Brust legen!" (162)

Obwohl diese Äußerungen im Zusammenhang mit „Dantons Tod" stehen, gelten sie auch für den „Woyzeck". Der Determinismus wird nur auf eine andere Ebene verlagert. Während es sich in „Dantons Tod" um die Tragödie des Revolutionärs handelt, geht es im „Woyzeck" um die Tragödie der schuldlos leidenden Kreatur. Der bei beiden vorhandene Determinismus besitzt nur eine andere Akzentuierung.

Den Ausgangspunkt Büchners bildet die Beschäftigung mit der Geschichte der

Revolution. Daraus konstatiert er die These eines „gräßlichen Fatalismus der Geschichte“. Die Wurzeln dieses Fatalismus sieht er in der Organisation des menschlichen Lebens. Die Kräfte, die die Lebensumstände des Individuums und sein Rollenverhalten bestimmen, sind die „Menschennatur“, d.h. das Wesen des Menschen, und die menschlichen Verhältnisse, die den Menschen als „homo sociologicus“ prägen. Das Zusammenwirken dieser Kräfte ist nach Büchner einem „ehernen Gesetz“ gleich, dem niemand entrinnen kann. Der Mensch ist in seiner Ohnmacht und Abhängigkeit diesem Gesetz ausgeliefert.
Das Handeln des Menschen ist somit nicht bestimmt vom freien Willen, sondern eine Zwangsläufigkeit des So-Handeln-Müssens. Diese Auffassung läßt sich auf das Verhalten Woyzecks ausdehnen: Woyzecks Ausgeliefertsein ist durch drei Faktoren bestimmt: durch die Beschränktheit seines geistigen Horizonts, seine „Natur“ und durch seine Umwelt, die ihm alles andere als freundlich entgegentritt. Aber nicht nur Woyzeck ist in seinem Rollenverhalten dadurch bestimmt. Das gleiche gilt für die übrigen Personen. So resultiert die Verfehlung Maries aus der triebhaft sexuellen Begierde ihrer „Natur“. Die Mordtat Woyzecks geschieht auf Befehl der Stimmen, also durch eine Kraft, die außer ihm liegt, die ihn in seinem Tun symbolisch determiniert. Darauf wird später noch eingegangen.

## *6. Stunde:*
## *Der Stoff zu Georg Büchners „Woyzeck“*

Der Stoff zu Georg Büchners „Woyzeck“ geht zurück auf den authentischen Kriminalfall Woyzeck, der sich im Juni 1821 in Leipzig ereignete und großes Aufsehen erregte. Die damals ausgelöste Diskussion entbrannte weniger um den objektiven konkreten Tatbestand des Verbrechens als um den psychischen Zustand des Täters zur Tatzeit.
Der Tatbestand ist folgender: Am 21. Juni 1821 ersticht der Perückenmacher Johann Christian Woyzeck seine Geliebte, die sechsundvierzigjährige Witwe des Chirurgen Woost, mit einer abgebrochenen Degenklinge. Das Tatmotiv ist Eifersucht. Der Mörder gesteht die Tat ohne Ausflüchte. Während des Gerichtsverfahrens verlangt die Verteidigung ein ärztliches Gutachten über die Zurechnungsfähigkeit. Dies wird durch den Hofrat Dr. Clarus erstellt, der Woyzeck für voll zurechnungsfähig und für seine Tat verantwortlich erklärt. Das Gericht verurteilt daraufhin Woyzeck zum Tode durch das Schwert und setzt den Tag der Hinrichtung auf den 13. November 1823 fest. Proteste aus der Bevölkerung und Presse gehen ein. Es kommt zu einem neuen Sachverständigengutachten durch Hofrat Dr. Clarus. Dazu wird ein anderes Gutachten durch die medizinische Fakultät der Universität Leipzig erstellt. Beide erklären Woyzeck erneut für voll verantwortlich. Woyzeck wird am 27. August 1824 öffentlich auf dem Marktplatz hingerichtet. Damit ist der „Fall Woyzeck“ jedoch noch nicht zu Ende.
Die eigentliche Ursache für die Reso-

nanz, die der Fall in der Öffentlichkeit fand, dürfte in der Zeitstimmung zu suchen sein, die an der „Erforschung verborgener Zusammenhänge im Seelenleben des Menschen" (Mayer 1977, S. 335) ein außerordentliches Interesse zeigte. Was die Deutung seelischer Prozesse angeht, so bestand ein Gegensatz zwischen materialistischer und idealistischer Deutung. Letztere forderte eine „Erfassung des Geistigen und Seelischen nach dessen eigenen und echtbürtigen Gesetzen." (Mayer 1977, S. 335).
Der Vorwurf des Bamberger Arztes Dr. Marc, „unter tausend Gerichtsärzten würde wohl keiner so eindeutig wie Dr. Clarus auf ‚schuldig' plädiert haben" (Ritscher 1970, S. 13), muß vor diesem Hintergrund gesehen werden. Hans Mayer faßt das so zusammen: „Leben, Tat und Schicksal dieses Mörders stehen in einem großen Zusammenhang, im Übergang zwischen zwei Formen der Beurteilung der menschlichen Seele und ihrer Geheimnisse." (Mayer 1977, S. 337)
Büchner kannte den Kriminalfall, da die Gutachten des Hofrats Clarus in einer medizinischen Fachzeitschrift (Henkes Zeitschrift für Staatsarzneikunde) abgedruckt wurden, zu deren Mitarbeitern auch Büchners Vater zählte.

Vergleicht man die Berichte über den authentischen Woyzeck mit dem dramatischen, so ergibt sich an nicht wenigen Stellen eine getreue Übernahme von Angaben des Gutachtens in das Drama. Ferner verraten Alter, soziales Milieu, Ort der Handlung und insgesamt die Zeichnung der Figuren einen historischen Bezug. Büchner entlehnt hier authentisches Material, das durch die dramatische Gestaltung zu einer „realistischen" dichterischen Fiktion wird. Er folgt damit seiner bereits erwähnten kategorischen Forderung:

„Ich zeichne meine Charaktere wie ich sie der Natur und der Geschichte angemessen halte, und lache über die Leute, welche mich für die Moralität oder Immoralität derselben verantwortlich machen wollen." (188)

*Arbeitsmaterialien:*
Hans Mayer, Georg Büchner und seine Zeit, Frankfurt 1977, S. 331–338

*Zeittafel*

| | |
|---|---|
| 3. Januar 1780 | Johann Christian Woyzeck als Sohn eines Perückenmachers in Leipzig geboren. |
| 1788 | Tod der Mutter. Neue Ehe des Vaters. |
| 1793 | Tod des Vaters. Woyzeck, der bis dahin nur eine unregelmäßige Schulbildung genossen hatte, kommt zu einem Perückenmacher in die Lehre. |
| 1794–1798 | Fortsetzung der Lehre bei einem zweiten Perückenmacher. Die später von Woyzeck ermordete Frau Woost, geborene Otto, lernt er schon damals kennen. Sie war die Stieftochter des zweiten Lehrherrn und einige Jahre älter als Woyzeck. |
| 1798 | Wanderschaft und Arbeitssuche in Dessau, Berlin, in Han- |

| | |
|---|---|
| | nover und Hessen. Rückkehr nach Leipzig und Wurzen als Gehilfe des Perückenmachers. Anschließend neue Wanderschaft und Arbeitssuche. Bedienter und Söldner bei einem holländischen Regiment. |
| 7. April 1807 | Woyzeck wird vor Stralsund von den Schweden als Rekrut gefangengenommen und nach Stockholm transportiert. Er wird schwedischer Soldat. Woyzeck desertiert zu den mecklenburgischen Truppen, desertiert aber von neuem und kehrt zu den Schweden zurück. |
| 1807–1818 | Woyzeck ist Soldat in den Diensten der verschiedensten Militärmächte. Zuletzt befindet er sich in preußischen Kriegsdiensten und erhält von dort im Jahre 1818 den Abschied. |
| 1810 | Woyzeck hat als Soldat in Stralsund enge Beziehungen zu einer unverheirateten Frau, der „Wienbergin", die ein Kind von ihm hat. Das Kind lebte auch noch zur Zeit des Mordprozesses Woyzecks. Die geplante Ehe mit der Wienbergin scheitert daran, daß er keine ordentlichen Papiere besitzt. |
| Dezember 1818 | Woyzeck kehrt wieder nach Leipzig zurück, wo er bis zur Mordtat als Gelegenheitsarbeiter, Bedienter, zuletzt als Bettler lebt. Sein Versuch, als Stadtsoldat angestellt zu werden, scheitert ebenfalls am Fehlen ordentlicher Papiere. |
| Febr. 1819–Juni 1820 | Woyzeck wohnt bei der Stiefmutter der Woostin im Hause des Gelbgießers Warnecke. Er hat Beziehungen zur Woostin, die aber gleichzeitig auch Beziehungen zu anderen Männern, vor allem zu Stadtsoldaten, aufrechterhält. |
| Juni 1820–Juni 1821 | Woyzeck muß die Wohnung bei Warnecke verlassen und schläft seitdem auf den verschiedensten Schlafstellen. |
| Ende 1820 | Woyzecks Bewerbung als Stadtsoldat in Leipzig wird abgelehnt. |
| 21. Juni 1821 | Johann Christian Woyzeck ersticht die 46jährige Johanna Christiane Woost, geborene Otto, Witwe des Chirurgen Woost. Er wird gleich darauf verhaftet. |
| 16. August 1821 | Einreichung der ersten Verteidigungsschrift durch den Handelsgerichtsaktuarius Hänsel, den Verteidiger Woyzecks. |
| 23. August 1821 | Das Gericht ordnet eine ärztliche Untersuchung von Woyzecks Gemütszustand an. Dr. Clarus, Sächsischer Hofrat, wird mit der Untersuchung beauftragt. |
| 16. September 1821 | Clarus erstattet sein erstes Gutachten und erklärt Woyzeck für geistesgesund und voll verantwortlich. |
| 11. Oktober 1821 | Woyzeck wird zum Tode durch das Schwert verurteilt. |
| 3. Dezember 1821 | Berufungsantrag des Verteidigers. |

| | |
|---|---|
| 29. Februar 1822 | Ein zweites Gerichtsurteil bestätigt das erste Urteil. |
| 27. September 1822 | Woyzecks Verteidiger verlangt eine erneute Untersuchung des Gemütszustandes durch den Psychiater Prof. Heinroth in Leipzig. |
| 28. Oktober 1822 | Die sächsische Landesregierung lehnt den Antrag des Verteidigers ab und setzt den 13. November als Termin der Hinrichtung fest. Ein Gnadengesuch wird abgelehnt. |
| 5. November 1822 | Ein Zeuge meldet sich und bringt Tatsachen vor, die auf Woyzecks Geisteskrankheit schließen lassen. |
| 10. November 1822 | Die Hinrichtung wird ausgesetzt. |
| Jan./Febr. 1823 | Erneute eingehende Untersuchung Woyzecks durch Hofrat Clarus. |
| 28. Februar 1823 | Clarus erstattet sein zweites eingehendes Gutachten und kommt wiederum zu dem Ergebnis, Woyzeck sei nicht geistesgestört, sondern voll verantwortlich. |
| 4. Oktober 1823 | Das Leipziger Schöffengericht verwirft die Einwendungen des Verteidigers und bejaht die Zurechnungsfähigkeit des Mörders. |
| 23. Januar 1824 | Ein Gnadengesuch des Verteidigers wird vom Gericht abgelehnt, aber dem Wunsch des Verteidigers und des Hofrats Clarus wird entsprochen, ein Gutachten der Medizinischen Fakultät Leipzig einzuholen. |
| 17. April 1824 | Die Medizinische Fakultät der Universität Leipzig bestätigt und billigt das Gutachten Clarus. |
| 12. Juli 1823 | Die Vollstreckung des Urteils wird angeordnet. |
| 30. Juli 1824 | Woyzeck erfährt den Zeitpunkt der Hinrichtung. |
| 3. August 1824 | Neuer Antrag des Verteidigers auf Untersuchung Woyzecks. |
| 10. August 1824 | Ablehnung des Antrags. |
| 27. August 1824 | Öffentliche Hinrichtung Johann Christian Woyzecks auf dem Leipziger Marktplatz. |
| 1825 | Hofrat Clarus veröffentlich sein zweites Gutachten als Broschüre. |
| 1825 | Gegenschrift des Landgerichtsphysikus Dr. Marc zu Bamberg „War der am 27. August 1824 zu Leipzig hingerichtete Mörder J. C. Woyzeck zurechnungsfähig?“ |
| 1825 | Gegenschrift des Leipziger Professors D. Heinroth gegen Dr. Marc zugunsten von Hofrat Dr. Clarus. |
| 1825 | Clarus veröffentlicht sein zweites Gutachten in Henkes Zeitschrift für die Staatsarzneikunde. |

Quelle:
Hans Mayer, Georg Büchner – Woyzeck. Dichtung und Wirklichkeit, Frankfurt 1972, S. 163–167, (Ullstein TB)

*7. Stunde:*
*Die soziale Lage und das soziale Interaktionsfeld Woyzecks*

Es ist zweifellos ein Verdienst der marxistischen Literaturwissenschaft, daß sie sich nicht mit dem Problem der charakterlichen und existentiellen Determinierung Woyzecks begnügt hat, sondern diese einseitige Reduzierung durch den nachdrücklichen Verweis auf die soziale Determiniertheit ergänzt hat. Daß dieser Ansatz dann seinerseits oft ideologische und klassenkämpferische Parteilichkeit beinhaltet, braucht hier nicht weiter erörtert zu werden. Entscheidend ist der Hinweis, daß diese soziale Determiniertheit berücksichtigt und untersucht werden muß.

Dazu ist es notwendig, daß wir Woyzeck zuerst einmal so verstehen, wie er sich selbst versteht. Entscheidend ist, was er selbst glaubt, und selbst von sich und seiner Situation aussagt, und welche Ursachen er für seine Lage verantwortlich macht. Bereits der erste Dialog gibt darüber Auskunft. Seine Lebensumstände sind gekennzeichnet durch seine Armut und seine niedere soziale Stellung. Die Tatsache der Zugehörigkeit zu den „armen" und „gemeinen" Leuten ist für Woyzeck die erklärte Ursache dafür, daß er keine Tugend hat. Armut und Tugend schließen sich nach seiner Ansicht aus.

Für Woyzeck findet die soziale Diskriminierung sogar im Himmel kein Ende; „Unsereins ist doch einmal unselig in der und der anderen Welt. Ich glaub, wenn wir in den Himmel kämen, so müßten wir donnern helfen." (144) Der phrasenhaften Tugend und Moral des Hauptmanns hat Woyzeck seine „Natur" entgegenzusetzen. Für Woyzeck sind Moral und Tugend Privilegien einer sozialen Schicht, der er nicht angehört:

„Ja, Herr Hauptmann, die Tugend, – ich habs noch nit so aus. Sehn Sie: Wir gemeine Leut, das hat keine Tugend, es kommt einem nur so die Natur; aber wenn ich ein Herr wär und hätt ein' Hut und eine Uhr und eine Anglaise und könnt vornehm reden, ich wollt schon tugendhaft sein. Es muß was Schönes sein um die Tugend, Herr Hauptmann. Aber ich bin ein armer Kerl." (144)

Der Zusammenhang zwischen Reichtum, Tugend und Moral weist auf schichtenspezifische ethische Normen und Verhaltensweisen hin. Soziale Lage und Bewußtseinslage hängen unmittelbar zusammen.

Das Verhalten Woyzecks „wie das seiner Peiniger und Gegenspieler erscheint als Wirkung und Produkt sozialer Funktionen und Seinslagen. Die Verschiedenheit sozialer Lagen bestimmt die Verschiedenheit der Anschauungen über Sitte und Moral." (Mayer 1977, S. 341) Die Frage nach der Klassenabhängigkeit der Moral stellt sich hier.

Die soziale Lage Woyzecks wirkt sich entscheidend auf seine Interaktionsmöglichkeiten aus. Als Repräsentant der Unterschicht ist er von vornherein in seinen Sprach- und Handlungsmöglichkeiten beengt und eingeschränkt. Insbesondere im Umgang mit sozial höher gestellten Personen wie dem Doktor und dem Hauptmann zeigt sich, wie gering Woyzecks Möglichkeiten sind – stets ist er der Unterlegene.

Andres und Marie sind die einzigen Personen, zu denen er ein „ebenbürtiges“ Verhältnis besitzt und die ihn als Mensch akzeptieren. Entscheidend für den Gang der Handlung ist letztlich nur die Beziehung zu Marie, auf die Woyzeck seine gesamte Zuneigung konzentriert. Die Liebe zu Marie und dem Kind ist sein einziger Lebensinhalt, die Sorge um sie seine einzige Lebensaufgabe. Die Zerstörung dieser Lebensgrundlage setzt eine Kette von Ereignissen in Gang, die Woyzeck ins Verbrechen treiben.
Armut und soziale Umwelt werden zu den entscheidenden Voraussetzungen für das Tun Woyzecks, für seine mißlungene Zurechtfindung in der Welt. Sie machen ihn zu einem erniedrigten Menschen, zu einer unfreien und geschundenen Kreatur.

### *8. und 9. Stunde: Die Interpretation der Szenen „Beim Hauptmann“ und „Beim Doktor“*

Bei den zu interpretierenden Szenen handelt es sich um das Zusammentreffen Woyzecks mit den beiden Personen, denen er in Rang und sozialer Stellung unterlegen und in einem Dienstverhältnis verpflichtet ist. Um das geringe Einkommen als Offiziersbursche etwas aufzubessern, hat Woyzeck sich dem Doktor für ein paar Groschen als Experimentierobjekt zur Verfügung gestellt. Die Basis des sozialen Kontakts ist in beiden Fällen die materielle Abhängigkeit. Besonders in der Eingangsszene „Beim Hauptmann“ kommt der soziale Gegensatz zum Ausdruck. Der phrasenhaften Selbstzufriedenheit des Hauptmanns steht Woyzecks Dienstbeflissenheit und Einfalt gegenüber.
Der Dialog gliedert sich in zwei Teile. Während sich die Antworten Woyzecks im ersten Teil des Dialogs nur in einem unbeteiligten, militärisch klingenden „Jawohl, Herr Hauptmann“ erschöpfen, beschämt er im zweiten Teil den Hauptmann, ohne daß dieser die Beschämung als solche erkennt. Ausgelöst wird das durch die Tatsache, daß der Hauptmann im Zusammenhang mit seiner Moraldefinition („Moral, das ist, wenn man moralisch ist“) auf Woyzecks uneheliches Kind zu sprechen kommt:

> „Er hat ein Kind ohne den Segen der Kirche, wie unser hochehrwürdiger Herr Garnisonsprediger sagt, – ohne den Segen der Kirche, es ist nicht von mir.“ (114)

Mit diesem Vorwurf trifft er Woyzeck an seiner empfindlichsten Stelle. Dieser kann dem Angriff nur seine schlichte, in ihrer Einfachheit entwaffnende Überzeugung entgegensetzen. Von Gott erwartet er sich Mitgefühl und Erbarmen – Empfindungen, die der Hauptmann offensichtlich nicht aufzubringen vermag. Die Szene gerät so zur schweigenden Verurteilung des Hauptmanns und seiner unmenschlichen Argumentation:

> „Herr Hauptmann, der liebe Gott wird den armen Wurm nicht drum ansehen, ob das Amen drüber gesagt ist, eh er gemacht wurde. Der Herr sprach: Lasset die Kleinen zu mir kommen.“ (114)

Für Woyzeck ist Moral den sozial Privilegierten vorbehalten, zu denen er auf Grund seiner Stellung nicht gehört. Er glaubt nicht an die Möglichkeit eines sozialen Aufstiegs oder auch nur an ein Ende seiner Unterdrückung und seines

Elends. Die fatalistische Ergebenheit in das Schicksal läßt nicht den geringsten Widerstand zu, nur stumme Duldung:

„Wir arme Leut –, Sehn Sie, Herr Hauptmann: Geld, Geld! Wer kein Geld hat – Da setz einmal eines seinesgleichen auf die Moral in der Welt! Man hat auch sein Fleisch und Blut. Unsereins ist doch einmal unselig in der und der andern Welt. Ich glaub, wenn wir in Himmel kämen, so müßten wir donnern helfen.“ (114)

Die Antwort, die Woyzeck darauf erhält, bezeugt die ganze selbstgefällige Arroganz und Borniertheit des Hauptmanns, der sich selbst als „guten Menschen“ bezeichnet. Auf den zweiten Vorwurf, „er habe keine Tugend“, antwortet Woyzeck ohne Anklage in schlichter Selbsteinschätzung:

„Ja, Herr Hauptmann, die Tugend – ich habs noch nit so aus. Sehn Sie – wir gemeine Leut, das hat keine Tugend, es kommt einem nur so die Natur; aber wenn ich ein Herr wär und hätt ein' Hut und eine Uhr und eine Anglaise und könnt vornehm reden, ich wollt schon tugendhaft sein. Es muß was Schönes sein um die Tugend, Herr Hauptmann. Aber ich bin ein armer Kerl.“ (114)

Aber auch diese Entgegnung bleibt ohne Wirkung auf den Hauptmann. Weder ein Wort der Entschuldigung, der Hilfe, des Mitleids noch der persönlichen Betroffenheit oder Ergriffenheit. Eine Änderung seines Verhaltens ist nicht gegeben. Sprachlich äußert sich das auch durch das Zurückgreifen auf die Verwendung des „langsam“ zu Beginn des Dialogs. Dieses Zurückgreifen verstärkt den Eindruck, daß alles beim Alten geblieben ist.

Bei der Konfrontation der beiden Personen treffen Vertreter zweier sozialer Schichten aufeinander, deren Bewußtseinsebene, Denk- und Ausdrucksweise und Normensystem ganz gegensätzlich sind. Die Zugehörigkeit zur jeweiligen sozialen Schicht bestimmt Denken und Handeln vollständig. Welch groteske Situation zeigt sich in diesem Dialog! Keine Verständigungsmöglichkeit, keine Annäherung, nur Abgrenzung gegensätzlicher Positionen. Der ganze Dialog ist Ausdruck einer inhumanen Beziehungslosigkeit der Redenden.

Auch der zweite zu betrachtende Dialog ist von diesem Gegensatz geprägt. Er bringt die Konfrontation Doktor-Woyzeck. Für den Doktor ist Woyzeck ein „interessanter Kasus“, den er studieren will. Er ist Versuchskaninchen bei seinen skrupellosen Experimenten. Dafür erhält Woyzeck – so steht es nicht ohne Absicht gleich zu Beginn der Szene – „drei Groschen täglich und Kost!“ Die Kost besteht darin, daß er laut Order des Doktors nur Erbsen essen darf. Die Auswirkungen einer solchen Ernährung auf den menschlichen Organismus will der Doktor dann untersuchen (vgl. dazu die Szene „Der Hof des Doktors“). Woyzeck verdient sich diese Groschen aus Verantwortung und Sorgepflicht für Marie und das Kind. Für den Doktor ist er nichts weiter als ein Objekt wissenschaftlicher Untersuchungen. Ihm geht es um die Befriedigung seines persönlichen Ehrgeizes: „Es gibt eine Revolution in der Wissenschaft, ich sprenge sie in die Luft.“ (119)

Auch in dieser Szene muß Woyzeck sich gegen einen Vorwurf verteidigen. Er entschuldigt die Tatsache, daß er „an die Wand gepißt hat“ mit dem Drang seiner „Natur“. Der Doktor reagiert darauf mit einer medizinischen Erklärung, die er als Anknüpfungspunkt zu einer idealistischen Phrase benutzt, deren Lächerlichkeit durch die darauffolgenden Sätze bestärkt wird:

„Die Natur kommt, die Natur kommt! Die Natur! Hab ich nicht nachgewiesen, daß der Musculus constrictor vesicae dem Willen unterworfen ist? Die Natur! Woyzeck der Mensch ist frei, in dem Menschen verklärt sich die Individualität zur Freiheit – Den Harn nicht halten können!" (119)

Der eigentliche Kern der Szene liegt in den wenigen zusammengestammelten Worten und Sätzen, die auf das Existenzproblem Woyzecks hindeuten. Er will seine „Natur" erklären, soweit er das kann. Seine sprachlichen Ausdrucksmöglichkeiten sind jedoch begrenzt:

„Sehn Sie, Herr Doktor, manchmal hat einer so'en Charakter, so'ne Struktur. – Aber mit der Natur ist's was anders, sehn Sie; mit der Natur (er kracht mit den Fingern) das ist so was, wie soll ich doch sagen, zum Beispiel ..." (120)

Die ganze sprachliche Unbeholfenheit Woyzecks wird hier deutlich. Der Doktor läßt ihn jedoch garnicht ausreden, sondern tut das Ganze als „philosophieren" ab. Die weiteren Hinweise Woyzecks auf die „doppelte Natur", die „Stimmen", die zu ihm reden, und die Schwämme, deren Figuren er gern lesen möchte, werden vom Doktor als die schönste aberratio mentalis partialis („fixe Idee mit allgemein vernünftigem Zustand") gedeutet. Dafür erhält Woyzeck noch Zulage. Die oberflächliche Diagnose des Doktors, seine mangelnde Hilfs- und Verständnisbereitschaft lassen ihn Woyzecks Probleme nicht verstehen und bringen diesem keine Hilfe, zeigen diesem keinen Ausweg aus seiner Not. Das „Jawohl" am Ende der Szene bezeugt das Ausgeliefertsein Woyzecks und sein Sich-Abfinden mit dem Schicksal.

Büchner zeichnet den Doktor mit den Mitteln der Karikatur und gibt ihn so der Lächerlichkeit preis. Ausgestattet mit Modephrasen und Gelehrtendünkel zeigt er nicht die geringste ärztliche Fürsorge, nicht das einfachste Mitleid. Gegen ihn hat Büchner seine eigenen Waffen gekehrt: „Hochmut gegen Hochmut, Spott gegen Spott." Die Lächerlichkeit seines Niesexperiments sowie der Vortrag vor den Studenten sind ein Beispiel dafür.

### *10. Stunde:*
### *Woyzecks Ausgeliefertsein (Straßenszene und Szenen in Mariens Kammer)*

Woyzecks Ausgeliefertsein gründet sich auf Umstände, die außer ihm liegen. In der Szene „Beim Doktor" wird Woyzeck als hilflose, ausgelieferte Kreatur dargestellt. Sein Hilferuf findet hier kein Gehör; seine Existenzprobleme werden gar nicht verstanden. Damit bleibt er in gewissem Sinne sich selbst ausgeliefert, auf seinen engen geistigen Horizont beschränkt. Er selbst kann sich nicht helfen, dazu reichen seine Fähigkeiten nicht aus, und Hilfe von außen wird ihm nicht zuteil. Endgültig besiegelt aber wird sein Schicksal, als ihm die einzige, lebenswichtige soziale Beziehung – die Verbindung mit Marie – verlorengeht. In diesem Augenblick bricht seine Welt endgültig zusammen. Von da an gibt es keine Rettung mehr für ihn.

Was die Struktur der Straßenszene angeht, so beginnt sie mit einem Dialog zwischen dem Doktor und dem Hauptmann, der sich durch das Hinzukommen von Woyzeck zu einem Dreiergespräch ausweitet. Im Eingangsdialog, der über Oberflächlichkeiten nicht hinausgeht, charakterisieren sich Doktor und Hauptmann in bezeichnender Weise. „Hohlkopf" und „Einfalt" begegnen sich hier als karikaturistisch groteske „Zerrbilder der gebildeten Gesellschaft". (Ritscher 1970, S. 24) Wehleidiges Gerede und medizinische Phrasenhaftigkeit führen zur Demaskierung dieser beiden, die sich in der Begegnung mit Woyzeck auf eine unmenschliche Art souverän fühlen. Auf Grund seiner Unterlegenheit ist Woyzeck ihrem Spott ausgeliefert.

Durch eine Anspielung des Hauptmanns erfährt Woyzeck von Maries Untreue. Damit beraubt der Hauptmann Woyzeck seines einzigen Lebensinhalts. Seine Aussage: „Herr Hauptmann, ich bin ein armer Teufel – und hab sonst nichts auf der Welt" (122) ist Ausdruck seiner seelischen Erschütterung. Woyzeck ist von dem „Spaß" so getroffen, daß er nur noch stammelt; seine seelische Verfassung zeigt sich in der Reaktion seines Körpers. Er gleicht einem gehetzten, verängstigten, gejagten Tier, das keinen Ausweg mehr weiß. Für ihn hat das Leben seinen Sinn verloren. Seine Peiniger weiden sich an seiner Angst, dem Hauptmann ist er ein Objekt des Spotts, dem Doktor bloßes medizinisches Versuchsobjekt. Die gedankenlose Borniertheit dieser beiden gerät hier zu einer verantwortungslosen Brutalität gegenüber dem Wehrlosen. Die körperlichen Reaktionen Woyzecks werden von dem Doktor völlig falsch diagnostiziert. Woyzeck bekommt sogar, welch groteske Ironie des Schicksals, noch Zulage.

Für den Doktor wie für den Hauptmann ist Woyzeck kein Mitmensch, sondern bloßes Objekt. Für eine solche Haltung hat Büchner nur Haß und Verachtung übrig. In einem Brief vom Februar 1834 spricht er ein hartes Urteil aus:

> „Ich habe freilich noch eine Art von Spott, es ist aber nicht der der Verachtung, sondern der des Hasses. Der Haß ist so gut erlaubt als die Liebe, und ich hege ihn in vollstem Maße gegen die, welche verachten. Es ist deren eine große Zahl, die im Besitz einer lächerlichen Äußerlichkeit, die man Bildung, oder eines toten Krams, den man Gelehrsamkeit heißt, die große Masse ihrer Brüder ihrem verachtenden Egoismus opfern." (165)

Dieser Haß und dieser Spott sind ihm Antriebsfeder bei seiner künstlerischen Arbeit. Um die Hohlheit und Borniertheit solcher Figuren zu zeigen, bedient sich Büchner des Mittels der Karikatur – durch Übertreibung sollen sie entlarvt und der Lächerlichkeit preisgegeben werden.

Für Woyzeck eröffnet sich nach dieser Szene in der Begegnung mit Marie der „Abgrund", der auf das Ende weist. Die Ausweglosigkeit seiner Situation gipfelt in der Aussage: „Jeder Mensch ist ein Abgrund, es schwindelt einem, wenn man hinabsieht." (123)

Was die beiden Szenen in Mariens Kammer angeht, so erfüllen sie von ihrer Stellung her eine verstärkende Wirkung in bezug auf das Geschehen der Straßenszene. Die erste Szene in Mariens Kammer, die der Straßenszene vorgeschoben ist, macht dem Zuschauer klar, daß die Anspielung des Hauptmanns wohl begründet ist. In der zweiten Szene in Mariens Kammer will Woyzeck sich vergewissern, ob die Andeutung des Hauptmanns wahr ist. Die Zurückweisung durch Marie macht ihn mißtrauisch, in den späteren Szenen verdichtet sich sein Verdacht dann zur Gewißheit.

### *11. Stunde: Das Verbrechen Woyzecks*

Die Frage, die sich bei der Beschäftigung mit Büchners „Woyzeck" immer wieder erhebt, lautet: Was treibt Woyzeck ins Verbrechen? Den Schlüssel zu dieser Frage gibt uns Büchner selbst, der in einem Brief äußert, daß es „in niemands Gewalt liegt, kein Dummkopf oder kein Verbrecher zu werden – weil wir durch gleiche Umstände wohl alle gleich würden, und weil die Umstände außer uns liegen." (141) Damit deutet Büchner selbst die soziale Determiniertheit menschlichen Handelns an. Von daher ergibt sich die Frage: Welche Umstände sind die Ursache für Woyzecks Verbrechen?
Woyzeck lebt in einer ihm feindlichen Umwelt, dem Hauptmann ein Objekt des Spotts, dem Doktor ein Experimentierobjekt, ist der für ihn einzige lebenswichtige Kontakt die Liebe zu Marie. Der durch die triebhaft sexuelle Begierde ausgelöste Treuebruch läßt Woyzeck zusammenbrechen. Die Wehrlosigkeit macht Woyzeck zur passiv leidenden, geschundenen, dem Schicksal ausgesetzten Kreatur. Der ersten Anspielung des Hauptmanns folgt die Verunsicherung, die den Verdacht und schließlich die Gewißheit nach sich zieht. Ohnmächtige Verzweiflung bemächtigt sich Woyzecks, während er durchs Fenster beobachtet, wie Marie mit dem Tambour im Wirtshaus tanzt. Die abgerissene Sprache und die körperlichen Reaktionen, die bis zur Ohnmacht reichen, sind Ausdruck seiner tiefen seelischen Erschütterung:

(erstickt) „Immer zu – immer zu! (Fährt heftig auf und sinkt zurück auf die Bank) Immer zu, immer zu! (Schlägt die Hände ineinander) Dreht euch, wälzt euch! Warum bläst Gott nicht die Sonn aus, daß alles in Unzucht sich übereinanderwälzt, Mann und Weib, Mensch und Vieh?! Tut's am hellen Tag, tut's einem auf den Händen wie die Mücken! – Weib! Das Weib ist heiß, heiß! – Immer zu, immer zu! (Fährt auf) Der Kerl, wie er an ihr herumgreift, an ihrem Leib! Er, er hat sie – wie ich zu Anfang. (Er sinkt betäubt zusammen.)" (125)

So ist auch das Verbrechen Woyzecks durchaus ein mögliches Produkt „sozialer Funktionen und Seinslagen". (Mayer 1977, S. 341) Büchner geht es in seinem „Woyzeck" nicht um die bloße Darstellung von „Sein und Denken, sondern um die Sichtbarmachung seiner Ursachen, die in den sozialen Lebensbedingungen zu finden sind". (Mayer 1977, S. 343) Woyzeck wird zum Spielball des Schicksals, das ihm jede rettende Hilfe versagt. Der Mord und der durch den fragmentarischen Schluß angedeutete Selbstmord sind Klage und Anklage zugleich. Klage über das Unabänderliche dieses determinierten Schicksals. Anklage gegen die, die diese Klage der geschundenen Kreatur gleichgültig läßt.

*12. Stunde:*
*Die Zeichnung der Figuren*

Die Zeichnung der Figuren hängt gerade beim „Woyzeck“ aufs engste mit Büchners dichterischem Selbstverständnis, seinem sozialkritischen Engagement und seiner Weltanschauung zusammen. Um sich eine geeignete Grundlage zum besseren Verständnis der Figurenzeichnung zu schaffen, empfiehlt es sich, die diesbezüglichen Aussagen Büchners durch eine wiederholende Lektüre folgender Büchnerbriefe zu sichern:

An die Braut, Gießen Nov. 1833, S. 161–162
An die Familie, Gießen Febr. 1834, S. 164–165
An die Familie, Straßburg 28. Juli 1835, S. 181–183

Aus der Analyse dieser Briefe läßt sich die Gestaltungsabsicht Büchners wie folgt beschreiben.
Büchner will die Welt zeigen, wie sie ist, nicht wie sie sein soll. Deshalb zeichnet er seine Figuren so, wie er sie der Natur und der Geschichte für angemessen hält. Dabei verbindet er Realismus und Sozialkritik und kehrt seinen Haß „in vollstem Maße gegen die, welche (andere) verachten.“ Damit wäre der theoretische Standort Büchners umrissen. Was nun offen bleibt ist die Frage, wie Büchner diese Aussagen in seinem Woyzeck dramatisch realisiert hat. Als Betrachtungsaspekte bieten sich dafür die Figurenkonstellation und die Figurenmerkmale an, wobei letztere wieder unter dem Aspekt des Verhaltens und ihres sprachlichen Ausdrucksvermögens unterteilt werden können.

Der „Woyzeck“ weist in seiner Figurenkonstellation eine klare Zweiteilung auf. Indem Büchner eine Gruppe von Personen unter ihren Namen (Woyzeck, Andres, Marie), andere dagegen unter Berufs- und Rangbezeichnungen auftreten läßt, arbeitet er bereits einen zwischen diesen beiden Gruppen bestehenden Gegensatz heraus, der durch die figurenspezifische Merkmale noch verschärft wird. Durch die Technik der Kontrastierung werden soziale Grenzen abgesteckt, die im Handlungsverlauf noch deutlicher werden. Büchner hat bei seiner Figurenzeichnung im „Woyzeck“ zwei Verfahren angewendet: die Charakterisierung und die Typisierung.
Bei der Anwendung dieser beiden Verfahrensweisen auf die Personengruppen werden der Standort Büchners, die Verteilung seiner Sympathie und Antipathie, seine Liebe und sein Haß, sein Mitgefühl und seine Verachtung deutlich.
Die mit Namen versehenen Figuren werden von Büchner individuell charakterisiert. Sie sind unverwechselbar. Die mit Berufs- oder Rangbezeichnungen versehenen Figuren werden typisiert. Sie sind auswechselbare, oft karikiert dargestellte Schablonen, die ein affektiertes Pathos zur Schau tragen, hinter dem sich aber nur Egoismus und Borniertheit verbergen.
Da es Büchner um die dramatische Gestaltung eines sozialen Konflikts geht, muß er die sozialen Unterschiede besonders deutlich machen. Deshalb beginnt er gleich in der ersten Szene mit der Technik der Kontrastierung. Durch die Gegenüberstellung von Hauptmann und Woyzeck schafft er ein soziales Spannungsfeld, das durch Selbstzufrieden-

heit, bornierte Jovialität auf der einen und Hilflosigkeit auf der anderen Seite gekennzeichnet ist. „Diese Anfangsszene demonstriert plakativ die Antithese des Stückes.“ (Penzoldt 1968, S. 90) Die exemplarische Kontrastierung der sozialen Gegenwelten geschieht durch die Gegenüberstellung von zwei Gegensatzfiguren. Einfachkeit, natürliches Verantwortungsbewußtsein werden als Figurenmerkmale der selbstgefälligen Scheinmoral und der dekadenten Phrasenhaftigkeit entgegengesetzt. Unterdrücker und Unterdrückter stehen sich gegenüber. Bereits in der ersten Szene ist auch die Wirkung von Büchners sozialkritischem Engagement spürbar. Während der Hauptmann sich durch seine selbstgefälligen Reden und „geistreichen“ Definitionen von Tugend und Moral selbst vor den Augen der Zuschauer entlarvt, ohne es in seiner Borniertheit zu erkennen, konzentriert sich unser Mitleid ganz auf die Figur des Woyzeck.

Mit dem Doktor verhält es sich ähnlich. Er nutzt Woyzeck für seine ehrgeizigen und skrupellosen, wissenschaftlich völlig unsinnigen Experimente aus, nur um „die Wissenschaft in die Luft zu sprengen“. Für einen Hungerlohn macht er Woyzeck zu seinem Experimentierobjekt. Die grotesk-karikierende, entlarvende Darstellung von Hauptmann und Doktor als Vertreter der sozial höheren Schicht findet eine Erklärung in einem Brief Büchners vom Februar 1834 (vgl. S. 27). Was die Zeichnung der Marie angeht, so wollen wir uns nur auf das Notwendigste beschränken. Marie unterliegt im entscheidenden Moment der triebhaften Gewalt der Sexualität. Die Verwendung von Tiervergleichen in der Szene mit dem Tambourmajor unterstreicht die animalische Triebhaftigkeit ihrer Natur, gegen die sie vergeblich ankämpft. Zusammenfassend läßt sich feststellen, daß im Woyzeck Typen und Charaktere als Repräsentanten gegensätzlicher sozialer Schichten und Daseinsbereiche angelegt sind. Mimik, Gestik und Sprache (auf die im Zusammenhang mit der Form des Dramas eingegangen wird) sind darauf abgestimmt.

### *13. Stunde: Zur Sprache und Form des Dramas*

Auf Sprache, Form und Struktur des „Woyzeck“ muß insofern eingegangen werden, weil gerade im „Woyzeck“ „alle Möglichkeiten und Stilrichtungen“ (Höllerer 1968, S. 65) wurzeln, die im späteren Drama der Moderne in mannigfacher Art auftauchen und weiterentwickelt werden. „Die psychologische, die gesellschaftskritische, die realistische, die naturalistische, die expressionistische, die surreale, die epische, die lyrische und die geistische Theaterkunst können sich auf ihn berufen; und sie berufen sich auf ihn.“ (Höllerer 1968, S. 66)

„Die Kunstsprache ist abscheulich, ich meine, für menschliche Dinge müßte man auch menschliche Ausdrücke finden.“ (163) Das in diesem Satz implizierte Prinzip besteht in der Forderung nach Adäquatheit von gesellschaftlichem Sein und sprachlicher Ausdrucksweise. Diese Forderung ist Teil des Büchnerschen Realismus’, der seine Charaktere so zeichnet, wie er sie „der

Natur und der Geschichte“ (188) für angemessen hält. Büchner will „der Geschichte, wie sie sich wirklich begeben, so nahe als möglich zu kommen“ (181) Dies gilt auch für die Sprache im „Woyzeck“.

Deshalb orientiert sich die Sprache des Dramas nicht an einem ästhetischen bzw. ästhetisierenden Prinzip mit Stilisierung und idealistischem Pathos, sondern einzig und allein an der Forderung nach realistischer Darstellung. Nie wird Sprache zum ästhetischen Selbstzweck. „Büchner erklärt seine Helden nicht. Sie sprechen allesamt für sich selbst.“ (Penzoldt 1968, S. 58)

Untersucht man die Sprache der einzelnen Personen und Personengruppen, so ergeben sich zwei Sprachebenen, die durch die Verwendung von Dialekt und Hochsprache auf zwei soziale Schichten und einen dementsprechenden unterschiedlichen „Bildungsstand“ hindeuten. Sprachebene und Sprechweise sind kennzeichnend für die einzelnen Personen. Der verwendete Dialekt weist in seinen Eigenarten aufs Hessische, ohne sich jedoch genau lokalisieren zu lassen. Zur besseren Charakterisierung seiner Figuren verwendet Büchner Elemente aus verschiedenen Sprachkodes (z. B. Soldatensprache, Sprache der Wissenschaft, Sprache des Marktschreiers etc.). Dadurch gewinnt er eine größere Wirklichkeitsnähe. Was die Verwendung von Volksliedern, Märchen (das ja ein Antimärchen ist) und Lyrismen angeht, so erhalten sie durch das Zusammenspiel von Handlung und Einlage an den Nahtstellen und Höhepunkten oft eine kommentierende und vorausdeutende Funktion. Die Sprache Woyzecks besitzt eine geradezu gestische Ausdruckskraft. Dies wird besonders deutlich in der Straßenszene sowie in den beiden Szenen „Wirtshaus“ und „Freies Feld“. Die Schreie, Satzfetzen und Wortsignale spiegeln in formelhafter Verkürzung einen seelischen Zustand der jeweiligen Figur.

Das schichtenspezifische, sozial determinierte Sprach- und Reflexionsniveau wird von Büchner durch die Anwendung bestimmter sprachlich-stilistischer Ausdrucksmittel bis ins Detail konzipiert. Vergleicht man die Sprache Woyzecks mit der des Doktors und des Hauptmanns, so konstatiert man dadurch gleichzeitig zwei Denk- und Bewußtseinsebenen.

Vergleichende Wortschatz- und Syntaxanalyse verschiedener Szenen führen zu dem Ergebnis, daß jede der Figuren des „Woyzeck“ eine schichten-, und teilweise auch berufsspezifische Sprechweise besitzt. Alle Personen mit niederem Sozialstatus sprechen Dialekt. Ihre Ausdrucksweise ist einfach und unbeholfen. Die übrigen bedienen sich der Hochsprache. Sie besitzen eine größere sprachliche Beweglichkeit durch die umfangreichere Anzahl syntaktisch-stilistischer Mittel, die sich in Wortwahl, Satzlänge und Satzart äußert.

Büchners Wortschatz und Stilistik sind vielseitig und orientieren sich an verschiedenen Milieus und Fachsprachen. Figur und Sprache stimmen überein. Die expressive Bildhaftigkeit, die Unmittelbarkeit und Ursprünglichkeit der sprachlichen Ausdrucksformen bezeugen sein ungewöhnliches sprachliches Einfühlungsvermögen.

Bei der Betrachtung von Aufbau und

Form des „Woyzeck" ist es zweckmäßig, von einem Vergleich mit bereits bekannten Dramenformen auszugehen. Empfehlenswert scheint hier ein zugleich wiederholender Rückblick auf das Drama der Klassik, das sich wegen der Unterschiede in den geistesgeschichtlichen Voraussetzungen, der Intention und der Form gut für eine vergleichende Analyse eignet.

Im „Woyzeck" fehlt die für das klassische Drama typische Einteilung der Handlung in fünf Akte mit festgelegter Funktion (Exposition – Klimax – Peripetie – Retardation – Katastrophe oder untragische Lösung). Es fehlt auch der für das klassische Drama bedeutsame „heldische" Monolog, in dem der Held sich selbst charakterisiert und die Antriebe seiner Handlung offenbart. Die Handlung des Woyzeck zerfällt in diskontinuierlich aneinandergefügte Einzelszenen von extremer Kürze. Kurt May spricht in diesem Zusammenhang von einer „bestürzenden Fülle blitzartig angeleuchteter Bilder, die in reißendem Tempo an uns vorbeijagen". (May 1968, S. 98)

Der Aufbau des Dramas wird damit zum Ausdruck eines neuen Wirklichkeits- und Weltverständnisses, in dem der Mensch zum Spielball und Objekt gesellschafts- und naturbedingter Kräfte wird und deshalb nicht mehr agiert, sondern nur noch reagiert.

Der Verlust eines harmonisch geschlossenen, verbindlichen Weltbildes und die Auffassung von der Determiniertheit menschlichen Handelns, das durch eine chaotische Vielgestaltigkeit und Disharmonie die menschliche Existenz bestimmt, führt notwendigerweise zur Aufgabe der geschlossenen Dramenform. Deshalb tritt an die Stelle einer kontinuierlich fortschreitenden Handlung die Aufsplitterung in ein diskontinuierliches Handlungsgefüge, wobei die Folge der Einzelszenen durch eine Mischung rätselhaft zufälliger und widersprüchlicher Kräfte festgelegt ist.

Allerdings sollte bei der Betrachtung von Aufbau und Form des Woyzeck immer darauf hingewiesen werden, daß das Werk fragmentarisch hinterlassen wurde und in Szenenauswahl, Szenenfolge und Schluß vom Dichter nicht vorgezeichnet war. Die Foliobögen, auf denen Büchner uns seinen „Woyzeck" fragmentarisch hinterlassen hat, waren bestimmt nicht seine letzte Konzeption. Man wird sich also davor hüten müssen, den fragmentarischen Charakter als erklärtes Formprinzip dichterischer Gestaltungsabsicht zu interpretieren.

## Wirkung und Wirkungsgeschichte

*14. Stunde:*
*Wirkung und Wirkungsgeschichte des „Woyzeck" – Zur literarhistorischen Bedeutung des „Woyzeck"*

Wenn wir uns mit der Wirkung von Büchners „Woyzeck" befassen wollen, so können wir das auf zweierlei Art. Einmal unter dem sozialpolitisch-revolutionären Aspekt, zum andern unter dem literarhistorischen Aspekt.
Büchner glaubte trotz seines revolutionären Engagements nicht an die revolutionäre Macht der Literatur, denn er schreibt in einem Brief (1833):

„Ich werde zwar immer meinen Grundsätzen gemäß handeln, habe aber in neuerer Zeit gelernt, daß nur das notwendige Bedürfnis der großen Masse Umänderungen herbeiführen kann, daß alles Bewegen und Schreien der einzelnen vergebliches Torenwerk ist. Sie schreiben – man liest sie nicht; sie schreien – man hört sie nicht ..." (159)

Es stellt sich jedoch die Frage, inwieweit literarische Fiktionen Bewußtseins- und Verhaltensänderungen beim Leser oder Zuschauer bewirken können. Dies ist schließlich nicht allein von Gestaltungsabsicht und Engagement des Dichters abhängig, sondern vor allem auch davon, wie das literarische Produkt von der Gesellschaft verstanden wird.
Büchners „Woyzeck" ist kein Tendenzstück im üblichen Sinne. Das Stück übt „in schärfster Weise Gesellschaftskritik; es wirkt aufklärend und dadurch politisch, ohne daß es eine ganz bestimmte revolutionäre Programmatik enthält. Wie auch immer die erhoffte sozialkritische Wirkung eingetreten oder ausgeblieben ist, für die deutsche wie auch für die Weltliteratur hat Georg Büchner mit seinem „Woyzeck" ein ergreifendes Dokument seiner Zeit geschaffen.
Seine späte Entdeckung für die Bühne beweist, daß Büchner seiner Zeit literarisch wie auch politisch weit voraus war. Erich Kästner würdigte den „Woyzeck" in seiner Büchner-Preis-Rede 1957 als ein „doppeltes Ereignis" in der Geschichte des deutschen Dramas. Für ihn liegen hier die Wurzeln des „psychologischen Realismus" und des „grotesken Stils".
Durch seinen engagierten „sozialen Realismus", der bis ins Detail Sprache und Form des Dramas bestimmt, ist mit der Person und dem Werk Büchners oft der Beginn des Dramas der Moderne angesetzt worden. „Der dominierende Einfluß Büchners, besonders der ersten Hälfte seines ‚Woyzeck', auf den expressionistischen Stil, kann garnicht überschätzt werden". (Kästner 1957, S. 56)
Das dramatische Werk Georg Büchners kam erst spät auf die deutsche Bühne. Zu Büchners Lebzeiten ist von seinen Dramen nur „Dantons Tod" erschienen. Erst im Jahre 1850 wurden Büchners „Nachgelassene Schriften" von seinem Bruder Ludwig herausgegeben, die 1873 in einer revidierten, besser bearbeiteten Ausgabe von Karl Emil Franzos herauskamen. Diesem ist es auch zu verdanken, daß die Werke des schon fast vergessenen Büchner nicht verlorengingen. Die Herausgabe der ersten kritischen Gesamtausgabe im Jahre 1879 blieb jedoch ohne Widerhall. Die Tatsache, daß man den Namen Georg Büchner in den Lite-

raturgeschichten der damaligen Zeit vergeblich suchte, spricht für sich. Während „Leonce und Lena" und „Dantons Tod" 1895 bzw. 1902 bereits uraufgeführt wurden, wurde die geplante Uraufführung des „Woyzeck" aus Anlaß des hundertsten Geburtstages des Dichters von einem bezeichnenden Kuriosum begleitet. Die Aufführung wurde nämlich auf den 8. November 1913 verschoben. Die Einhaltung des ursprünglichen Termins schien den nationalistisch gesinnten Größen der wilhelminischen Ära nicht mit dem Geiste des Gedenktages der Völkerschlacht bei Leipzig in Einklang zu stehen, zumal mit dem „Woyzeck" auch „Dantons Tod" aufgeführt werden sollte. Ungeachtet dieser politischen Rücksichten wurde die Aufführung ein Erfolg. Für die Bühne ist Büchner mittlerweile ein Klassiker geworden. Auf die Entstehung und Entwicklung des modernen Dramas hat Büchners „Woyzeck" entscheidenden Einfluß ausgeübt. Für die deutsche Literatur bedeutet Büchners Werk eine „Vorwegnahme". (Johann 1971, S. 7) Mit ihm begann die frühe Entwicklung eines dramatischen Stil- und Gestaltungsprinzips, das im Expressionismus seinen Höhepunkt erreichte. Von Gerhard Hauptmann und Frank Wedekind wurde Büchner „als Schöpfer eines neuen tragischen Weltgefühls und des Realismus der geschichtlichen und sozialen Tragödie" (Martini 1965, S. 382) erkannt und gewürdigt.

## Themenvorschläge für Aufsätze

Von den verschiedenen im Deutschunterricht möglichen Verfahren der Leistungsmessung wird hier nur ein Themenkatalog für Klassen- und Hausaufsätze gegeben. Andere Formen bleiben wegen der Verschiedenheit der jeweiligen Lernsituationen dem Lehrer überlassen.

*Aufsatzthemen:*
In Georg Büchners „Woyzeck" handelt es sich um die dramatische Gestaltung eines sozialen Konfliktes. Analysieren Sie diesen Konflikt unter Berücksichtigung von Büchners sozial-kritischem Engagement!

„Der Haß ist so gut erlaubt als die Liebe, und ich hege ihn in vollstem Maße gegen die, welche verachten". Untersuchen Sie, inwieweit und mit welchen künstlerischen Mitteln Georg Büchner dies in seinem „Woyzeck" gestaltet hat!

„Die Kunstsprache ist abscheulich, ich meine, für menschliche Dinge müßte man auch menschliche Ausdrücke finden." Belegen Sie diesen Büchner-Satz an der Sprache des „Woyzeck"!

„Das *Muß* ist eines von den Verdammungsworten, womit der Mensch getauft worden." Analysieren Sie diese Büchner-Auffassung unter Berücksichtigung des „Woyzeck"!

Untersuchen Sie den Sinn und die Funktion der Volkslieder und Verseinlagen in Büchners „Woyzeck"!

Weitere Themenvorschläge finden sich bei *Wilhelm Eggerer/Egon Mayer, Aufsatzlexikon, München 1972*

Zeigen Sie, warum man Büchners „Woyzeck" zur engagierten Dichtung zählen kann!

Die sozialen Schichten in Büchners „Woyzeck" und ihre dichterische Darstellung.

Was unterscheidet Büchners „Woyzeck" vom hochklassischen Drama der Goethezeit?

„Ich verachte niemanden, am wenigsten wegen seines Verstandes und seiner Bildung, weil es in niemands Gewalt liegt, ein Dummkopf oder Verbrecher zu werden." (Georg Büchner)

Erläutern Sie Büchners Auffassung vom Menschen aus der Gestalt des Woyzeck und nehmen Sie kritisch Stellung zu diesem Menschenbild!

Welches sind die Grundkräfte, die Woyzecks Leben bestimmen?

Das Märchen der Großmutter – die Bibellektüre der Marie – die Ansprache des Doktors an die Studenten. Zeigen Sie die Funktion dieser Szenen in Büchners „Woyzeck" auf!

Interpretieren Sie die Szene „Beim Doktor" („Straße") aus Büchners „Woyzeck" nach Inhalt und Form und zeigen Sie ihre Funktion für das ganze Stück!

Plädieren Sie bei Büchners Woyzeck-Gestalt auf „schuldig“ oder „nicht schuldig“? Begründen Sie Ihr Urteil, nachdem Sie auch die Verhaltensweise der vier anderen Hauptgestalten des fragmentarischen Dramas kritisch untersucht haben!

Büchners „Woyzeck“ erscheint immer wieder auf den Spielplänen unserer Bühnen. Was an diesem Stück spricht wohl ein modernes Publikum an?

*Bei Dietrich Wolf/Dorothea Klotz, Von der Erlebniserzählung zum Problemaufsatz, Frankfurt [5]1975:*

Welche Konzeption vom Menschen und der menschlichen Gesellschaft liegt diesem Werk zugrunde?

Was fehlt Woyzeck, damit er sich wehren könnte? Wieso bildet er einen äußersten Gegensatz zum klassischen Ideal des tragischen Helden?

Ist „Woyzeck“ wirklich nur ein soziales Drama?

Ist „Woyzeck“ ein politisches Stück mit einem bestimmten revolutionären Programm?

„Der ausgelieferte Mensch“ – weisen Sie nach, daß sich die Grundidee dieses dramatischen Fragments aus dem Märchen der Großmutter deuten läßt!

Weisen Sie nach, daß Dantons Ausruf: „Puppen sind wir, von unbekannten Gewalten am Draht gezogen, nichts, nichts wir selbst“, auch über dem „Woyzeck“ steht!

Woyzeck als der erste Proletarier im deutschen Drama.

Worin besteht die Armut Woyzecks?

Welche Besonderheiten weist die Sprache auf, und inwiefern steht sie im Dienst des Ganzen?

Warum bringt Woyzeck Marie um?

Zeigen Sie, daß Büchner im Doktor die Intelligenz im Zeichen und Dienste der Unmenschlichkeit gestaltet hat!

# Literaturverzeichnis

Das nachfolgende Literaturverzeichnis beschränkt sich in einer knappen Auswahl nur auf das Notwendigste. Dort wo es geboten schien, wurde auf weiterführende, ausführlichere bibliographische Angaben hingewiesen. Die mit einem * versehenen Titel werden zur weiteren Information empfohlen.

## 1. Primärtexte


Georg Büchner, Werke und Briefe, München $^{6}$1972, dtv Gesamtausgabe Bd. 70

*Hans Mayer, Georg Büchner – Woyzeck, Dichtung und Wirklichkeit, Frankfurt 1972, Ullstein TB Nr. 3911

*Erläuterungen und Dokumente, Georg Büchner, Woyzeck, hrsg. v. Lothar Bornscheuer, Reclam UB Nr. 8117


## 2. Sekundärliteratur

### *Allgemeine Literatur*


Ernst Alker, Die Deutsche Literatur im 19. Jahrhundert, 1832–1914, Stuttgart $^{2}$1971

Gerhard Baumann, Die dramatische Ausdruckswelt, Göttingen 1961

Wilhelm Bernsdorf, Wörterbuch der Soziologie, 3 Bände, Frankfurt $^{4}$1975

Peter Demetz, Marx, Engels und die Dichter, Stuttgart 1959

Margret Dietrich, Das moderne Drama, Stuttgart $^{2}$1963

Ernst Fischer, Kunst und Koexistenz, Hamburg 1966

Reinhold Grün/Jost Hermand (Hrsg.), Methodenfrage der deutschen Literaturwissenschaft, Darmstadt 1973

Hermann Helmers, Didaktik der deutschen Sprache, Stuttgart 1966

Hans Robert Jauß, Literaturgeschichte als Provokation, Frankfurt 1970

Georg Klaus/Manfred Buhr, Philosophisches Wörterbuch, 2 Bände, Berlin $^{1}$1964 u. $^{7}$1971

René König (Hrsg.), Das Fischer Lexikon – Soziologie, Frankfurt 1967

Georg Lukaćs, Probleme des Realismus, Berlin $^{2}$1955

Otto Mann, Geschichte des Deutschen Dramas, Stuttgart 1963

Fritz Martini, Deutsche Literaturgeschichte, Stuttgart $^{13}$1965

Rene Wellek/Austin Warren, Theorie der Literatur, Berlin $^{6}$1966


### *Literatur zur Didaktik und Methodik des Dramas im Unterricht*


Rolf Geißler, Das Drama im Unterricht. In: E. Wolfrum: Taschenbuch des Deutschunterrichts, S. 362–376 und S. 677–678

Jürgen Hein, Dramatische Formen. In: Dietrich Boueke (Hrsg.): Deutschunterricht in der Diskussion. Paderborn 1974, S. 310–333 (Forschungsbericht mit weiterführender Bibliographie)

Harro Müller, Dramatische Werke im Deutschunterricht, Stuttgart 1971

*Karl Stocker, Die dramatischen Formen in didaktischer Sicht, Donauwörth 1972

*Literatur zu Georg Büchners „Woyzeck“*

Ludwig Büttner, Büchners Bild vom Menschen, Nürnberg 1967

Hermann von Dam, Zu Georg Büchners Woyzeck. In: Akzente I, Jg. 1954, Nr. 1, S. 82–99

Elise Dosenheimer, Georg Büchner – Woyzeck. In: E. D.: Das deutsche soziale Drama von Lessing bis Sternheim, Konstanz 1949, S. 64–81, Nachdruck WB Darmstadt 1974

Walter Höllerer, Georg Büchner in seinem Woyzeck. In: Das neue Forum, 4. Jg. 1954/55, Heft 2, S. 23–27

Walter Höllerer, Georg Büchner – Dantons Tod. In: B. v. Wiese (Hrsg.): Das deutsche Drama vom Barock bis zur Gegenwart, Band 2, Düsseldorf 1968, S. 65–87

Ernst Johann, Georg Büchner, rororo Bildmonographien Bd. 18, Reinbek [8]1971

Erich Kästner, Büchner-Preis-Rede 1957. In: Büchner-Preis-Reden 1951–1971, Stuttgart 1972 (Reclam)

*Ursula Kaiser, Die Mechanisierung des Lebens im dichterischen Werk Georg Büchners, Frankfurt 1952

Walther Kupsch, Wozzek. Ein Beitrag zum Schaffen Georg Büchners. Berlin 1920 (Germanische Studien, 4.)

Wolfgang Langhoff, Die verschiedenen Fassungen des Woyzeck. In: Dramaturgische Blätter, 2. Jg. 1948, Heft I, S. 12–16

Georg Lukaćs, Der faschistisch verfälschte und der wirkliche Georg Büchner. In: G. L.: Deutsche Realisten des 19. Jahrhunderts, Berlin 1952, S. 66–88

*Wolfgang Martens, Zum Menschenbild Georg Büchners. Woyzeck und die Marionszene in Dantons Tod. In: Wirkendes Wort 8, Jg. 1957/58, S. 13–20

Wolfgang Martens, Zur Karikatur in der Dichtung Büchners. Woyzecks Hauptmann. In: Germanisch-romanische Monatsschrift, Neue Folge Bd. 8, S. 64–71

*Wolfgang Martens (Hrsg.), Georg Büchner, Reihe: Wege der Forschung, Bd. 3, Darmstadt 1969

Kurt May, Büchners Woyzeck. In: K. M.: Form und Bedeutung, Interpretationen deutscher Dichtung des 18. und 19. Jahrhunderts, Stuttgart 1963, S. 263–272

Kurt May, Georg Büchners Woyzeck. In: B. v. Wiese (Hrsg.): Das deutsche Drama vom Barock bis zur Gegenwart, Düsseldorf 1968, Bd. 2, S. 89–100

Hans Mayer, Georg Büchner und seine Zeit, Frankfurt 1977, ST 58

Robert Mülher, Georg Büchner und die Mythologie des Nihilismus. In: Dichtung der Krise, Wien 1951, S. 182–207

Günther Penzoldt, Büchner. Friedrichs Dramatiker des Welttheaters, Bd. 9, Hannover [2]1968

Hans-Heinrich Reuter, Georg Büchner und sein Woyzeck. In: DU 10. Jg., 1957, Heft 3, S. 142–152

Hans Ritscher, Büchner. Woyzeck: Grundlagen und Gedanken zum Verständnis klassischer Dramen, Diesterweg [5]1970

Erhard Schlutz, Büchners „Woyzeck“ als Drama der offenen Form – zur Adaequenz von Lernziel und Unterrichtsform. Selbsttätigkeit der Schüler in Blockstunden. In: DU 23. Jg., 1971, Heft 4, S. 121–133

Peter Schmid, Georg Büchner. Versuch über die tragische Existenz, Bern 1940

Benno von Wiese, Die Religion Büchners und Hebbels. In: Zwischen Utopie und Wirklichkeit, Studien zur deutschen Literatur, Düsseldorf 1963, S. 122–141

## Stundenblätter – Vorbereitungshilfen für den Lehrer

Wolfgang Salzmann
**Stundenblätter Kurzgeschichten für die Sekundarstufe I**
55 Seiten + Beilage: 19 Blätter, kart., Klett-Nr. 92 738

Günther Busse
**Stundenblätter Aufsatz 7./8. Schuljahr**
87 Seiten + 17 Seiten Beilage, kart., Klett-Nr. 920561

Günter Scholdt/Dirk Walter
**Stundenblätter „Hauptmann von Köpenick"**
49 Seiten + 14 Seiten Beilage, kart., Klett-Nr. 927131

Gesine Jaugey
**Stundenblätter „Kleider machen Leute"/„Taugenichts"**
70 Seiten + 20 Seiten Beilage, kart., Klett-Nr. 924011

Gesine Jaugey
**Stundenblätter „Schimmelreiter" und „Judenbuche" im Vergleich**
42 Seiten + 14 Stundenblätter Beilage, kart., Klett-Nr. 92739

---

## Klett Lesehefte ergänzen den Literaturunterricht

Die Auswahl der Texte reicht von der älteren klassischen Dichtung über die moderne Literatur bis zum Sachtext und zu Beispielen aus der Unterhaltungsliteratur. Insgesamt sind die bekanntesten Literaturformen und die wichtigsten Autoren vertreten, entscheidend bei der Textauswahl sind jedoch Motivation und Leseinteresse der Schüler.
Die meisten Hefte sind mit einem ausführlichen Anhang versehen, der zusätzliche Informationen, gezielte Hinweise auf einzelne Aspekte, Dokumente zum geschichtlichen Hintergrund und ähnliche Ergänzungen, Vorschläge oder Arbeitsmaterialien enthält. Diese Arbeitsmaterialien können im Unterricht zum besseren Verständnis des Textes und des Autors herangezogen werden.